AF364790

9 786144 422168

البَيْضَة السَّوْداء

تأليف : دنيازاد السّعدي

رسم : سوسن نور الله

في قاعِ البَحْرِ، وَلَدَتِ الدُّلْفينَةُ «دادا» مَوْلودَها الأَوَّل، وكانَتْ سَعيدَةً جِدًّا بِهِ. وصارَتْ تَرْعاهُ وتُرْضِعُهُ مِنْ حَليبِها، وأَسْمَتْهُ «دودو الصَّغير».

راحَ «دودو» يَجولُ في أَعْماقِ البَحْرِ مَعَ أُمِّهِ، ويَتَعَرَّفُ إلى الكائِناتِ المائِيَّة، لِيَعْرِفَ الصَّديقَ مِنَ العَدُوّ.

ثُمَّ يُسْرِعُ «دودو» وأُمُّهُ إلى سَطْحِ الماءِ لِيَتَنَشَّقا الهَواءَ المُنْعِشِ، لِأَنَّهُما لا يَسْتَطيعانِ البَقاءَ تَحْتَ الماءِ لِمُدَّةٍ طَويلَةٍ مِثْلَ باقي الأَسْماك.

بَعْدَ أَشْهُرٍ، كَبَرَ «دودو» قَليلًا وأَصْبَحَ بِإمْكانِهِ التَّجَوُّلُ بِمُفْرَدِهِ.

ذاتَ يَوْمٍ، كانَ «دودو» يَلْهو مَعَ رِفاقِهِ عَلى سَطْحِ الماء عادَ إلى الأَعْماقِ، وإذْ بِهِ يَلْمَحُ كُراتٍ سَوْداءَ صَغيرَةً قُرْبَ صَخْرَةٍ ضَخْمَةٍ... لَفَتَتْ نَظَرَهُ فَالْتَقَطَ «دودو» بِمِنْقارِهِ كُرَةً كَبيرَةً مِنْها وراحَ يَلْعَبُ بِها، يَدْفَعُها أَمامَهُ ثُمَّ يُسْرِعُ لِالْتِقاطِها مِنْ جَديدٍ.

بَقِيَ «دودو» عَلى هَذِهِ الحال، إلى أَنِ ابْتَعَدَ عَنِ المَكانِ الَّذي وَجَدَ فيهِ البَيْضَةَ السَّوْداءَ.

في تِلْكَ الأَثْناء، رَأَتْهُ دُلْفينَةٌ صَغيرَةٌ، فَصاحَتْ بِه: «ماذا تَفْعَلُ يا دودو؟ أَتَلْعَبُ بِتِلْكَ البَيْضَة؟ قَدْ تَقْتُلُ ما في داخِلِها، أَسْرِعْ وأَرْجِعْها إلى مَكانِها».

دُهِشَ «دودو» لَمّا عَرَفَ أَنَّها بَيْضَةٌ، وأَنَّ فيها كائِنًا حَيًّا. لَكِنَّهُ لَمْ يَعْرِفْ كَيْفَ يُرْجِعُها لِأَنَّهُ ابْتَعَدَ كَثيرًا عَنِ المَكانِ الَّذي أَخَذَها مِنْه.

راحَ «دودو» يُفَكِّرُ لِيَعْرِفَ لِمَنْ تَكونُ هَذِهِ البَيْضَة.
وبَيْنَما هُوَ غارِقٌ في التَّفْكير، مَرَّتْ فَرَسُ البَحْرِ أمامَهُ فَسَألَها:
«هَلْ هَذِهِ البَيْضَةُ السَّوْداءُ لَكِ يا سَيِّدتي؟».

أَجابَتْ فَرَسُ البَحْر: «كَلّا يا عَزيزي، فَبَيْضي لَيْسَ أَسْوَدَ اللَّوْن، ولَيْسَ كَبيرًا كَهَذِهِ البَيْضَة. ثُمَّ أَنَّ بُيوضي بِأَمانٍ بَعْدَما وَضَعْتُها في جَيْبٍ مَوْجودٍ عَلى بَطْنِ زَوْجي. وهُوَ سَيَرْعى البُيوضَ إلى أَنْ تَفْقِس».

حارَ «دودو»، وقَرَّرَ البَحْثَ عَنْ أَصْحابِ البَيْضَةِ السَّوْداء.

مَرَّ قُرْبَ كَهْفٍ صَغيرٍ، حَيْثُ تَسْكُنُ «السَّيِّدَةُ أُخْطُبوط» الَّتي وما إِنْ رَأَتْهُ حَتّى خافَتْ مِنْهُ، وظَنَّتْ أَنَّهُ يُريدُ الْتِهامَها، فَأَخْرَجَتْ مِنْ جِسْمِها مادَّةً كَالْحِبْرِ لِتُعَكِّرَ الْمِياهَ وتَخْتَبِئَ في الْكَهْف.

ابْتَعَدَ «دودو» عَنِ الْمَكانِ قَليلًا، وسَأَلَها: «هَلْ

هَذِهِ البَيْضَةُ لَكِ يا سِيِّدَتي؟».

أَطَلَّتِ «السَّيِّدَةُ أُخْطُبوط» بِرَأْسِها ونَظَرَتْ إلى البَيْضَة، وقالَت:

«لا، فَبُيوضي هُنا في كَهْفي، وأَنا أَرْعاها حَتّى تَفْقِسَ ويَخْرُجَ مِنْها صِغاري...».

أَنَّ الْبَيْضَةَ قَدْ تَكونُ لَها. تَوَجَّهَ نَحْوَها وسَأَلَها السُّؤَالَ ذاتَه.

أَجابَتْهُ السُّلَحْفاة: «كَلّا يا عَزيزي، بُيوضي لَوْنُها أَبْيَض، وأَنا لا أَضَعُها في قاعِ الْبَحْر، بَلْ أَخْرُجُ إلى الشّاطِئِ حَيْثُ أَحْفُرُ حُفْرَةً في الرّمالِ الدّافِئَة، وأَضَعُ بُيوضي فيها ثُمَّ أَرْدُمُ الْحُفْرَةَ و...».

قاطَعَها «دودو» مُتَسَرِّعًا، وقال:

«آآآه عَرَفْت، ثُمَّ تَجْلِسينَ فَوْقَها حَتَّى تَفْقِس، صَحيح؟».

«كَلّا يا عَزيزي، بَلْ أَعودُ إلى البَحْر. وبَعْدَ أَسابيع، تَفْقِسُ البُيوضُ وتَخْرُجُ صِغاري إلى البَحْرِ بِمُفْرَدِها»، أَجابَتِ السُّلَحْفاة.

كادَ «دودو» يَسْتَسْلِم، لَكِنَّهُ قَرَّرَ العَوْدَةَ إلى أُمِّهِ لِتُساعِدَه، حَتَّى لَوْ أَنَّبَتْهُ عَلى تَصَرُّفِه.

حينَ عادَ «دودو» إلى أُمِّه، أَخَذَتْ «دادا» الكُرَةَ

السَّوْداءَ مِنْهُ، وتَفَحَّصَتْها جَيِّدًا، ثُمَّ ضَحِكَتْ قائِلَةً: «هَذِهِ لَيْسَتْ بَيْضَةً يا دودو! إِنَّها حَبَّةٌ مِنَ اللُّؤْلُؤِ الأَسْوَد، وهِيَ مِنَ المَحَارَة*.

أَتَذْكُرُ؟

لَقَدْ عَرَّفْتُكَ إلى المَحارِ في جَوْلَتِنا الأُولى، لَكِنَّني لَمْ أُخْبِرْكَ

*المَحارَة: نَوْعٌ مِنَ الصَّدَفِ البَحْرِيّ، جَمْعُها مَحار.

عَنِ اللُّؤْلُؤِ الَّذي يُنْتِجُهُ هَذا الحَيَوانُ البَحْرِيُّ المُخْتَبِئُ داخِلَ المَحارَة. تَعالَ مَعي نَبْحَثُ عَنِ المَكانِ حَيْثُ وَجَدْتَ اللُّؤْلُؤَةَ لِنُرْجِعَها».

سَأَلَ «دودو» مُتَعَجِّبًا: «إذًا، هِيَ لَيْسَتْ بَيْضَةً! لِمَ لا أَحْتَفِظُ بِها يا أُمّي؟!».

قالَتِ الأُمّ: «نَحْنُ لا نَحْتاجُ إلَيْها يا

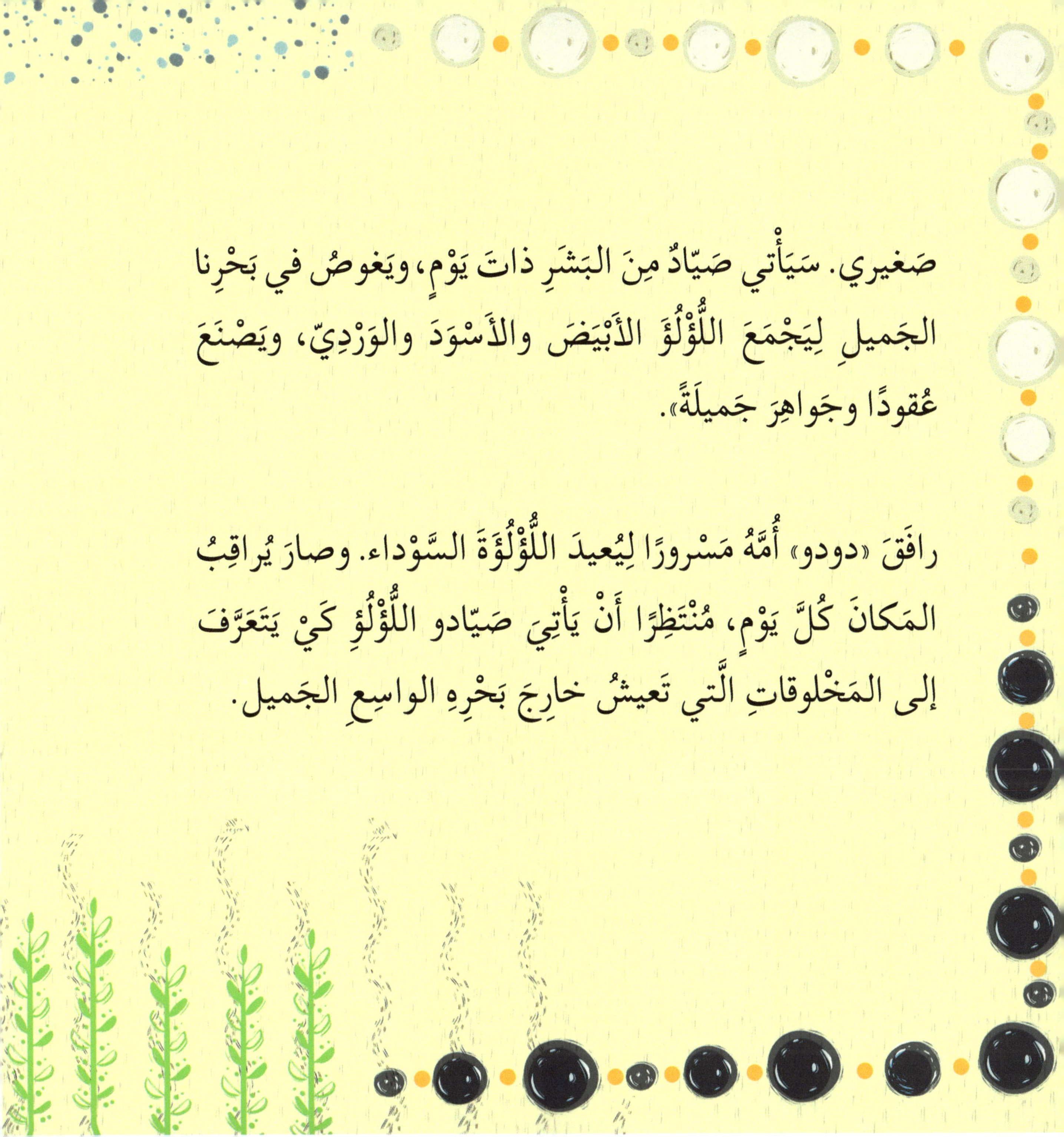

صَغِيرِي. سَيَأْتِي صَيَّادٌ مِنَ البَشَرِ ذاتَ يَوْمٍ، وَيَغوصُ في بَحْرِنا الجَميلِ لِيَجْمَعَ اللُّؤْلُؤَ الأَبْيَضَ والأَسْوَدَ والوَرْدِيّ، وَيَصْنَعَ عُقودًا وجَواهِرَ جَميلَةً».

رافَقَ «دودو» أُمَّهُ مَسْرورًا لِيُعيدَ اللُّؤْلُؤَةَ السَّوْداء. وصارَ يُراقِبُ المَكانَ كُلَّ يَوْمٍ، مُنْتَظِرًا أَنْ يَأْتِيَ صَيّادو اللُّؤْلُؤِ كَيْ يَتَعَرَّفَ إلى المَخْلوقاتِ الَّتي تَعيشُ خارِجَ بَحْرِهِ الواسِعِ الجَميل.